(Lb⁵⁷ 3627)

L'Alsace
devant la Prusse
1870-1872.

Paris dentu 1872, 8⁰
31 pages.

(anonyme)

Par Félix Joltrois (de Reims)
mon ami
industriel à Bischviller (Alsace)

(Resté français après la guerre.
s'est retiré à Paris où il est mort
Rue Pigalle — (vers 1880?))

L.S.B

L'ALSACE

DEVANT LA PRUSSE

1870 - 1872

(Par Félix Joltrois)

PARIS
E. DENTU, LIBRAIRE-ÉDITEUR
PALAIS-ROYAL, 17-19, GALERIE D'ORLÉANS

1872

SPERO : EXPECTO.

Je n'ai pas la prétention d'écrire un livre sur les tristes événements qui viennent de se passer, je veux seulement, après ces deux années de suprême douleur, rassembler mes souvenirs, et, dans le calme qui suit les grandes crises, raconter fidèlement ce dont j'ai été témoin et ajouter ainsi quelques pages d'un certain intérêt, je l'espère, du moins, à cette lugubre histoire d'Alsace, que les dispositions de nos vainqueurs ne paraissent pas devoir égayer de sitôt.

La France, ou plutôt le gouvernement français, y trouvera quelques dures vérités, car, mieux que personne, nous avons été à même d'apprécier de quelle incapacité, de quel aveuglement il a fait preuve en déclarant la guerre; mais ces vérités, nous ne les ménagerons pas davantage à la nation prussienne. Sans doute elle n'a fait qu'user de son droit en se préparant de longue date à nous battre, mais à coup sûr, aussi, elle l'a outrepassé en procédant violemment à l'annexion de provinces qui ne veulent pas se laisser absorber, de populations de longue date profondément attachées à la France, et tout à fait rebelles à profiter de cette civilisation germanique, dont elles ont pu maintenant apprécier la valeur et la sincérité.

La force prime le droit, a proclamé M. de Bismark. L'Alsace en fait la cruelle expérience ; mais puisse, un jour, notre malheureuse patrie régénérée, arriver à se vaincre elle-même, et forte alors de son droit, celui que donne la justice, elle aura bientôt recouvré, en même temps que son rang, ses deux belles provinces perdues, qui jusque là lui resteront étroitement attachées par le cœur.

Cette douce espérance, rien ne saurait l'enlever aux Alsaciens, elle soutient leur courage et leur permettra d'attendre, sans faiblesse comme sans impatience stérile, le moment de la délivrance.

Strasbourg, 1er juillet 1872.

L'ALSACE DEVANT LA PRUSSE

1870-1872

I

Pour qui a vécu en Allemagne ou quelque peu fréquenté les Allemands, la guerre, si maladroitement déclarée en juillet 1870 par le gouvernement de Napoléon III, n'était pas une surprise; elle était simplement à l'état latent depuis 1866, et si elle n'éclata pas en 1867, c'est que l'Allemagne, insuffisamment prête alors, ne voulait pas s'exposer à un échec.

Elle n'avait pas, d'ailleurs, l'opinion générale franchement avec elle dans cette question du Luxembourg, non-seulement parmi les nations étrangères, mais encore sur son propre sol, où l'on ne jugeait pas le prétexte assez plausible et les chances de succès assez certaines pour engager une aussi grosse partie.

Cette difficulté résolue diplomatiquement, rien à la surface ne semblait révéler la présence de l'étincelle qui, soigneusement entretenue et dissimulée sous la cendre, devait, quelques années plus tard, embraser une partie du continent; mais de ce moment, chaque Allemand eut en lui l'intime et profonde conviction que le conflit n'était qu'ajourné, et qu'une prochaine et plus favorable occasion lui amènerait la réalisation de son rêve de patriote, et lui permettrait de saluer de ses vivats la réunion de l'Alsace à la puissance germanique.

Depuis cette époque, les habitants de la rive droite du Rhin se plurent à regarder l'Alsacien comme un frère égaré devant tôt ou tard faire retour à la grande patrie ; et quand celui-ci riait de ce pronostic si invraisemblable à ses yeux, on se contentait de lui répondre : Croyez-nous, vous le verrez, et plus tôt que vous ne le pensez.

Les Allemands se savaient prêts ; ils nous croyaient également préparés, mais moins bien qu'eux, cependant.

Alors que nos Chambres ne faisaient rien que des discours, ils tournaient toute leur science vers l'étude des armes de guerre, et, mettant en pratique les conseils donnés par le prince Frédéric-Charles dans sa brochure publiée en 1867, ils s'appliquaient à rechercher les moyens de combattre l'armée française ; et, à cet effet, ils travaillaient à donner à leur artillerie une supériorité de nombre et de puissance capable de rétablir l'infériorité où ils se trouvaient dans le combat à l'arme blanche. — N'osant nous aborder de près, ils voulaient nous battre de loin : c'était plus prudent et plus sûr.

C'est dans ce but qu'ils remplissaient leurs arsenaux des canons les plus perfectionnés et en quantité innombrable ; de plus, ils apportaient à leur organisation militaire les soins les plus minutieux et donnaient la dernière main à cette mobilisation rapide de l'armée, que nous avons bien été forcés d'admirer.

Des officiers étaient envoyés, en Alsace, qui, en uniformes des diverses écoles françaises d'application et forestière, qui, en touristes, dans le but, soigneusement dissimulé alors, mais avoué depuis (1), d'étudier le terrain et les différents passages des Vosges, c'est-à-dire de préparer l'invasion avec la certitude presque complète de réussite.

---

(1) Nous tenons ce précieux renseignement de ces mêmes officiers, qui se sont publiquement vantés du fait, à leur passage en Alsace, lors de l'entrée de l'armée allemande.

Le plébiscite leur fut un excellent moyen de contrôler très exactement le nombre d'hommes présents sous les drapeaux. Il était à ce moment des plus réduits, et l'on savait à la cour de Prusse que notre organisation militaire ne permettait pas de l'augmenter dans des proportions sensibles avec les réserves et les classes nouvelles, les unes et les autres sans instruction aucune, et par cela même impropres à un service actif plus ou moins long, mais suffisant, en tous cas, pour laisser une forte avance sur l'Allemagne.

On savait aussi que la garde mobile n'existait que sur le papier, et encore! Que non seulement elle n'avait jamais été réunie et formée en compagnies et en bataillons, mais que la presque totalité des chefs étant encore à nommer : il ne pouvait être question d'une prompte organisation.

Le moment paraissait donc parfaitement propice au ministre aussi éminent que peu scrupuleux qui préside aux destinées de la Prusse.

C'est alors que surgit la candidature du prince de Hohenzollern au trône d'Espagne.

Etait-elle mise en avant dans l'idée préconçue de précipiter la crise et de servir de prétexte à la rupture qu'on était en mesure d'accepter? Nous n'avons à cet égard que des présomptions ; mais ce que chacun reconnaîtra, c'est l'habileté avec laquelle M. de Bismark sut profiter de cette circonstance *providentielle,* comme n'aura pas manqué de le dire son souverain maître, habitué à mêler la Providence à tous les actes de sa vie. Cette habileté n'a eu d'égale que l'ineptie du gouvernement français et de ses ministres, dont aucun n'a voulu voir la véritable et bien triste situation de la France, depuis le ministre des affaires étrangères, ignorant notre isolement au milieu de l'Europe, jusqu'au ministre de la guerre, affirmant hautement à la face du pays que son seul devoir à cette heure suprême était d'être prêt et qu'il l'était, alors que tout manquait comme on devait malheureusement le constater bientôt.

Le 15 juillet, la guerre était déclarée par le gouvernement de l'empereur, se donnant ainsi aux yeux des neutres la responsabilité d'une perturbation générale sans motif assez grave, et s'aliénant le peu de sympathie dont il pouvait jouir encore,

Ce fut un coup de tonnerre qui, avec les deux nations intéressées, ébranla le monde entier.

La panique fut grande de part et d'autre; en France, toutefois, le premier moment d'émotion passé, on se dit : Puisque cette guerre paraît inévitable, mieux vaut sortir de l'incertitude qui depuis quatre ans pèse sur les esprits et la soutenir tout de suite, et l'on en prit promptement son parti.

L'assurance formelle donnée par le maréchal Lebœuf était bien aussi pour quelque chose dans cette facile acceptation d'une détermination pleine de tant de périls. On croyait à la parole, à la loyauté du soldat.

Dès ce moment, une activité dévorante régna sur tous les points. Les chemins de fer ne faillirent pas à la lourde tâche que leur créait le transport des troupes et du matériel de guerre.

A n'en juger que par ce mouvement fébrile, on pouvait se dire avec le ministre : nous sommes prêts; on s'étonnait toutefois, et non sans raison, de voir l'Alsace, qu'aucune forteresse méritant véritablement ce nom ne défendait, l'Alsace, l'enjeu de la partie, complètement dégarnie de troupes jusqu'à la fin de juillet.

Quelques rares cavaliers gardaient seuls la frontière depuis Huningue jusqu'à Wissembourg, et pourtant que de régiments avaient pris la voie ferrée de Strasbourg à Bitsche, où ils s'entassaient sans que personne pût deviner le motif de cette concentration.

Sur tout leur parcours, ces troupes, dont une notable partie arrivait directement d'Afrique, recueillaient les marques de la plus vive sympathie; les aliments, le tabac, leur étaient distribués à profusion, et c'était fort heureux, car l'administration qui avait tout préparé, à l'entendre, avait commencé par oublier le principal; à ces hommes qui allaient se battre et se faire tuer pour la patrie, on n'avait pas songé à faire de distribution de vivres durant ce long trajet, et sans le concours des populations, ils couraient risque de mourir de faim avant de tomber sous le fer de l'ennemi.

Dans la nuit du 5 au 6 août, ces malheureux soldats, épuisés par des marches et contre-marches, et forcés de rester éveillés, prêts à recevoir l'ennemi, dont on attendait l'attaque, n'eurent pour se soutenir que quelques pommes de terre arrachées au sol sur lequel ils étaient couchés, et qu'ils mangèrent crues.

Et nous étions prêts !

Mais n'anticipons pas sur les événements ; nous aurons à revenir plus tard à cette poignée de braves que leur malheureux chef, le maréchal Mac-Mahon, se trouvait forcé de conduire à la boucherie.

II.

Dans les derniers jours de juillet, de sourdes et inquiétantes rumeurs commencèrent à circuler dans le public. On parlait de grands rassemblements de troupes dans le Palatinat, sur notre propre frontière. Une reconnaissance audacieuse pénétrait jusque près de Niederbronn et nous donnait la mesure de ce que pouvait entreprendre l'ennemi. Wissembourg était visité par un détachement bavarois, qui y opérait des réquisitions sans être autrement inquiété.

Les fils télégraphiques étaient journellement coupés entre cette ville et Haguenau, le long de la frontière entièrement dégarnie.

On comprit alors, bien tard il est vrai, que le moment était venu de rassurer les populations.

La division Douai, incomplétement rassemblée à Haguenau, fut dirigée sur Wissembourg. Elle comptait 7,400 hommes en tout ; la cavalerie y était faiblement représentée, et le nombre de bouches à feu insuffisant et toutes de faible portée.

Campée sur un plateau à peu distance de la ville, elle fut surprise le 2 au matin, au moment où les soldats préparaient leur café.

Le général Douai, s'il n'eut été frappé à mort dès le début de l'action, eut certainement donné l'ordre de la retraite, seul parti à prendre en face d'une véritable armée de plus de 40,000 hommes. Le général de brigade le remplaça dans le commandement, et, quoique blessé, se défendit pendant plusieurs heures avec acharnement, et ne se retira qu'après avoir fait subir à l'ennemi des pertes très sensibles. Le prince de Bade avouait lui-même, le lendemain, que si chaque capture de canon français devait leur coûter si cher, il n'y aurait bientôt plus d'armée allemande.

L'ennemi, à la suite de ce premier succès, prenait possession de Wissembourg, et comme premier témoignage de ses sentiments religieux dont on fit un tel étalage plus tard, transformait l'église en écurie. — Le Christ était bien né dans une étable, n'était-il pas juste qu'à son tour il prêtât son temple pour y loger les chevaux de Sa Majesté le pieux roi de Prusse?

Ce combat prit dans le bulletin royal les proportions d'une grande bataille, et à la place de la division Douai, on y vit figurer le corps d'armée Douai, soit 25,000 hommes au lieu de 7,000 environ.

Sa Majesté savait fort bien qu'il y avait dans cette rédaction autre chose que la vérité; mais ne fallait-il pas enflammer son peuple par l'annonce d'une éclatante victoire, dont l'importance eût été grandement atténuée par la publication des chiffres exacts?

Les voyageurs venus de Seltz le même soir répandirent la triste nouvelle sur tout le parcours de la ligne jusqu'à Strasbourg; la stupeur fut générale et l'émotion d'autant plus grande que cet échec prenait toute la population à l'improviste. Ce n'était, hélas! que le plus léger de tous les coups qui allaient successivement nous frapper.

Cependant, le caractère français est ainsi fait, qu'il ne se laisse pas abattre facilement pour longtemps.

Bientôt on ne vit plus dans cette défaite, sans importance majeure, qu'un événement malheureux, il est vrai, mais pouvant porter en lui-même d'excellents fruits.

C'était un avertissement à nos généraux, trop peu soucieux jusqu'ici des précautions à prendre en face de l'ennemi, et dont il serait certainement tenu compte à l'avenir.

On continuait ainsi à se bercer d'illusions; on traitait de vision le récit des paysans qui arrivaient, en fuyant avec leurs enfants, leurs bestiaux, à l'approche de l'ennemi; dans leur trouble, ils avaient vu des armées, là où il n'y avait en réalité que de simples pelotons d'éclaireurs. On regardait comme impossible qu'il n'y eut pas un plan d'adopté; sans cela, comment expliquer l'abandon complet de la frontière? On se disait que Mac-Mahon laissait entrer les Allemands dans l'espace compris entre les Vosges et le Rhin, pour pouvoir les écraser d'un seul coup et les rejeter dans le fleuve. Mais, dans ce cas, n'était-il pas bien téméraire et aussi bien cruel, d'attirer l'ennemi sur notre propre terrain, et de faire peser tout le poids de la guerre sur une si riche province? Vainqueurs, nous l'exposions à être ravagée par les Prussiens en retraite; vaincus, nous la leur livrions à l'avance.

Au milieu de toutes ces suppositions contradictoires, nous arrivons au 6 août.

Dès le matin, à Haguenau et à plusieurs lieues à la ronde, le canon fait entendre sa voix puissante; on distingue même le crépitement de la mitrailleuse. La bataille est engagée. Par la fumée qui s'aperçoit à une grande distance, on sait exactement où le choc a lieu. Quel en sera l'issue? C'est ce que tous se demandent avec anxiété, malgré la confiance dont chacun est pénétré. Pour l'apprendre plus tôt, on cherche à s'approcher de théâtre de la lutte, mais des lignes d'éclaireurs garnissent les abords d'Haguenau et interdisent le passage. On se met en quête de nouvelles. Elles sont bonnes à midi, elles le sont à une heure; et en effet, cette petite armée, composée seulement de 35,000 hommes, y compris les débris de la division Douay, avait alors refoulé l'ennemi. On s'empresse d'aller les répandre dans les villages environnant Bischwiller, sur toute la ligne du Rhin où chacun est en fièvre.

Au retour vers le soir, nous traversons un de ces centres agités et sous le poids de la plus poignante émotion, car le canon a cessé de retentir et l'on ne sait rien encore. Un cavalier y arrive à fond de train; homme et cheval sont couverts de poussière et de sueur; uniforme et harnachement sont en lambeaux.

— Nous sommes perdus!

Tels sont les mots qui frappent nos oreilles; mais quoique assez distinctement prononcés pour qu'ils ne puissent nous laisser aucun doute, ils ne provoquent chez tous qu'une incrédulité poussée jusqu'au fanatisme, et peu s'en faut qu'ils ne coûtent cher à l'imprudent messager, en qui l'on ne veut voir qu'un misérable fuyard. Sur les visages se peint la plus terrible des angoisses; les cœurs battent à se rompre; on s'interroge du regard et soudain, de toutes ces poitrines gonflées par la douleur, s'échappe un immense cri de désespoir; de ces yeux, naguère encore si brillants d'espoir et de confiance, coulent d'abondantes larmes.

C'est qu'il n'y a plus à nier l'évidence : de nouveaux cavaliers succèdent au premier, et dans ce même état de désordre qui atteste la lutte et la souffrance; car eux aussi, ces braves soldats, qui, pendant près de dix heures, ont héroïquement lutté contre des forces si inégales et n'ont cédé qu'au nombre, eux aussi paraissent anéantis par cette catastrophe inattendue.

Quelle nuit terrible et combien les heures sont longues à s'écouler dans l'attente d'un lendemain qui peut apporter avec lui toutes les horreurs de la guerre !

Mais si nous souffrons moralement à un degré que la plume est impuissante à retracer, n'avons-nous pas près de nous, sur le champ de bataille, d'autres souffrances bien autrement cruelles et qui doivent avoir le pas sur les nôtres; en effet, qui soignera nos malheureux blessés, si nous n'allons à leur secours?

Cette pensée fait taire toutes les douleurs, et sous l'impulsion d'un sentiment commun de commisération, tous, habitants des villes comme ceux de la campagne, s'empressent d'envoyer leurs voitures sur le terrain de la lutte, et en attendant leur retour chacun se hâte de se mettre en mesure de recevoir convenablement ces tristes victimes de la folie impériale; le paysan, l'ouvrier rivalisent avec le riche pour contribuer à cet acte d'humanité, à ce besoin du cœur. Ils n'ont pas de superflu à offrir, ils abandonnent leur propre lit; ne sont-ce pas des frères, les enfants de la France, auxquels ils vont prodiguer leurs soins?

Quoique munis de drapeaux et de brassards à la croix de Genève, véhicules et conducteurs sont arrêtés au passage et gardés par des soldats, pistolet au poing, avec menace de mort pour qui tentera de s'échapper jusqu'à l'arrivée des ordres supérieurs, pour savoir, sans doute, si, en dépit de la convention, on n'utiliserait pas ces moyens de transport au profit de l'armée allemande, qu'avant tout il faut pousser en avant.

La décision se fait longuement attendre et, pendant ce temps, de nombreuses files d'équipages de toute espèce qui se portaient vers Haguenau, prévenues en toute hâte, rétrogradent de peur d'être confisquées et mises en réquisition par les Prussiens.

Pour bien des blessés c'était un retard d'un jour. A combien d'entre eux ne devait-il pas être fatal!

Enfin, après des heures qui semblent des siècles à tous, les voitures restées en fourrière sont rendues à la liberté, elles se répandent de suite dans toutes les directions où peuvent se trouver les blessés.

Quel spectacle s'offre alors aux yeux de tous! Les morts et les mourants gisent pêle-mêle, entassés, ou côte à côte; parmi ces derniers on ne compte guère que des Français.

Les Prussiens ont, en effet, pensé aux leurs d'abord ; toute la nuit ils ont travaillé à les enlever, ainsi que les armes, et peut-être l'arrêt à Haguenau n'avait-il d'autre but que de nous dérober l'importance de leurs pertes ; mais le nombre des cadavres qui jonchent la terre suffit pour nous convaincre que nos braves soldats ont chèrement fait payer leur défaite.

Depuis le dimanche 7 août jusqu'au jeudi suivant, le transport de nos blessés se continua sans interruption. On ne saurait dire de quels soins dévoués, affectueux furent entourés ces malheureux, disséminés dans toutes les habitations et les ambulances improvisées. Rien ne fut négligé pour adoucir l'horreur de leur situation. Et ce n'était pas seulement les blessures du corps qui demandaient à être pansées : il fallait encore relever le moral de ces hommes énergiques, durs à la fatigue, durs à la souffrance, mais ne pouvant se faire à l'idée d'avoir été battus, eux qui se croyaient invincibles et avaient conscience d'avoir tout fait pour l'être.

Aussitôt qu'elle eut pris possession du pays, la Prusse s'empressa de retirer aux médecins français le service des ambulances pour le confier à ceux qui suivaient son armée, presque tous simples médecins civils portant l'uniforme pour la durée de la guerre.

Rendons leur justice ici, et disons sans hésiter qu'à de très faibles exceptions près ils se montrèrent pleins de sollicitude pour nos blessés et firent preuve de savoir et d'habileté dans leurs nombreuses opérations chirurgicales, — 1866 avait porté ses fruits.

Une chose digne de remarque, c'est que l'administration allemande, qu'on a tant exaltée, n'avait pas, à l'entrée en campagne, de service de santé véritablement organisé. Un docteur allemand a consigné dans une de ses publications l'absence de tout instrument d'opération lors du combat de Wissembourg, et confessé avoir fait lui-même à un blessé l'amputation d'une jambe avec un simple couteau dont il était difficile de préciser l'âge; il en eût été de même presque partout en Alsace, si des fourgons de l'ambulance française n'étaient restés au pouvoir des vainqueurs, fourgons dont ces derniers eux-mêmes ont dû louer l'ordonnancement pratique (on peut bien donner ce bon point à notre intendance, qui en a su mériter si peu), et sans lesquels nous ne voyons pas comment on fût arrivé à pratiquer les nombreuses et importantes opérations des premiers jours.

Que de fois nous avons constaté de semblables lacunes dans cette organisation, sans égale à les entendre !

III

Pendant que chacun s'absorbait dans ces devoirs d'humanité, l'invasion faisait des progrès, et s'avançait vers Strasbourg, dont nous étions bientôt isolés, comme cette malheureuse ville devait l'être de toute part jusqu'à sa capitulation.

Strasbourg allait-il être investi seulement ou assiégé; allait-il être bombardé, comme nous le lisions sur un lambeau de journal allemand abandonné dans la chambre d'un officier en passage ? Nous en étions réduits à cet égard à de simples conjectures; mais la dernière supposition ne nous semblait pas admissible : nous nous pensions bien loin des temps barbares; nous ne connaissions pas encore les Prussiens.

Peu de jours nous suffirent pour nous convaincre de notre erreur; le 14 août, les premières bombes furent lancées ; à une très grande distance on leur voyait décrire leur courbe lumineuse et le grondement sourd que suivait chaque décharge se répercutait dans la montagne, et en même temps dans le cœur de tous. Qui n'avait en effet un parent, un ami dans la ville assiégée ? La garde mobile du Rhin n'y était-elle pas presque entière ?

Pendant les six semaines de siége, par quelles angoisses ne dûmes-nous point passer ? De temps à autre arrivait une famille à laquelle l'autorisation de sortir avait été accordée : on apprenait alors les désastres réels que les Allemands avaient honte d'avouer : on faisait bon marché des maisons incendiées, pourvu que les personnes aimées fussent sauves ; pourvu aussi que la ville pût tenir encore jusqu'à l'arrivée des secours. Voilà ce que tous ajoutaient, car, malgré les désastres partiellement connus, la foi restait entière, et personne ne doutait du succès final. Il est vrai que les Prussiens nous tenaient séquestrés du monde entier et comme enfermés dans une étroite prison : nous ne recevions ni lettres, ni journaux ; les médecins nous laissaient bien lire parfois leurs feuilles allemandes, mais nous ne pouvions ni ne voulions leur accorder créance.

Rien de plus pénible, de plus cruel que cette claustration quand, autour de soi, se déroulent d'aussi graves événements où se jouent et la vie des proches et le sort de la patrie. C'était à en devenir fou ! Nous avions heureusement, pour relever notre énergie, les uns le soin de leurs blessés, les autres celui bien autrement difficile de défendre les intérêts publics et privés contre l'inflexible autorité militaire.

A peine avait-il foulé du pied le sol français, que le roi Guillaume lançait une proclamation garantissant le respect des propriétés et des personnes, à condition que rien d'hostile ne fût entrepris contre les armées allemandes. Mais, au même moment, la ville de Haguenau était imposée d'une somme considérable, celle de Bischwiller et son canton n'étaient pas plus épargnés.

La première, riche de ses ressources municipales, pouvait facilement trouver l'argent demandé ; mais que devait faire la seconde, sans réserve aucune, sans propriété présentant une garantie quelconque aux prêteurs, et ayant en perspective l'entretien de ses nombreux ouvriers, inévitablement condamnés à un long chômage ?

L'armée allemande traînait à sa suite d'avides vautours vendant toutes denrées au poids de l'or : c'est à eux que l'on fut adressé pour satisfaire aux réquisitions en nature, et quelque exagérées qu'elles fussent, il fallut bien en passer par leurs exigences. Les villages fournirent un peu d'argent : après bien des démarches infructueuses, on finit par trouver des prêteurs honnêtes et bienveillants qui complétèrent la somme indispensable ; on respira un instant, mais ce répit fut de courte durée ; pendant de longs mois, les extorsions continuèrent à se produire sous toutes les formes, sous tous les prétextes, même les plus futiles. Ne vit-on pas des officiers s'abaisser jusqu'à réquisitionner des boîtes d'allumettes, des poudres stomachiques et jusqu'à un ressemelage de bottes de domestique. Ces vilenies eussent prêté à rire si l'on n'eut compris que cet argent enlevé par tous les moyens à la caisse municipale l'endettait pour de longues années et manquait à la classe ouvrière, à laquelle, faute de ressources, on ne pouvait délivrer que juste le nécessaire pour ne pas mourir de faim.

Ne vit-on pas également, à Wissembourg un officier supérieur prussien, le général Francesky, s'installer avec sa suite dans un hôtel, y faire chair somptueuse, et, à son départ, présenter pour solder la carte à payer un simple billet de logement qu'il s'était bien gardé de produire à son entrée. Presque en même temps arrivait une lettre d'Allemagne contenant, outre un thaler, les excuses d'un brave et probablement pauvre sous-lieutenant français prisonnier, qui n'avait pu s'acquitter jusque là d'un dîner pris à l'hôtel la veille du combat de Wissembourg.

C'était pour l'hôtelier une grande joie de retrouver chez un de nos soldats cette loyauté dans le malheur ; mais le coup était porté : l'attération provoquée par la cupidité prussienne, jointe à tant d'autres exactions, le conduisait peu après au tombeau.

Quant aux logements militaires, malgré la promesse formelle faite au mois de novembre déjà par le directeur du cercle, et la déclaration officielle du gouvernement d'Alsace, qui la suivit de près, ils continuèrent à peser sur la population jusqu'après l'armistice.

On les couvrit du prétexte d'absolue nécessité; on promit bien le remboursement, mais quand ce compte se règlera (il ne l'est pas encore après plus d'un an d'attente et les milliards payés par la France), on pourra voir ce qui ressortira en contrevaleur des 2 francs imposés pour chaque journée de simple soldat, et 6 francs pour les officiers. — Heureux devra-t-on s'estimer d'accepter les 5 silbergroschen (62 1|2 centimes) par chaque jour d'entretien du soldat et de l'officier, que l'on ne cesse de faire miroiter aux yeux des municipalités aux abois, sans jusqu'ici les leur compter.

Il y a longtemps déjà que l'intendance française a payé les fournitures à elle faites au début de la guerre.

Voilà comment la Prusse comprenait le respect des biens solennellement promis.

Voici maintenant comment elle entendait le respect des personnes :

Aussitôt après l'investissement de Strasbourg, on arrêtait sans motif M. de Bussière, qui avait établi une ambulance à sa propriété de la Robertsau. — Quelle raison majeure pouvait provoquer cette mesure? Aucune. Mais M. de Bussière avait de bons vins, de beaux chevaux : le tout fut largement mis à contribution. Les journaux allemands annoncèrent que l'enquête se poursuivait, et que la lumière se ferait sur cette arrestation, dûment motivée, et l'incarcération dans la forteresse de Rastatt de celui qui en était l'objet.

Après la reddition de Strasbourg, M. de Bussière fut rendu à la liberté sans autre explication ni la moindre communication sur le résultat de cette prétendue enquête; seulement on n'avait plus à craindre l'influence que l'on attribuait à cette personnalité, la détention devenait donc inutile.

Les réquisitions de chevaux et de voitures commencèrent dès les premiers jours de l'invasion. Chacun devait, sous les peines les plus sévères, amener ou envoyer ses véhicules attelés ; les paysans n'étaient pas exceptés. On les dirigeait sur Strasbourg pour conduire diverses denrées. Ils revenaient au bout de quelques jours, mais dans quel état! hommes et chevaux étaient épuisés, personne ne songeant à pourvoir à leurs besoins. Un beau jour on ne les vit pas revenir. Les avait-on envoyés dans l'intérieur de la France? C'est ce que l'on se demandait, quand on apprit que la majeure partie avait été retenue pour être utilisée au siége de Strasbourg. Les voitures déchargées, on les avait rechargées de munitions de guerre et envoyées dans les tranchées avec leurs conducteurs, qui étaient ainsi exposés aux projectiles de la place, c'est-à-dire à périr de la main de leurs compatriotes et, peut-être, de leurs propres enfants.

En relatant un pareil acte de barbarie, les journaux allemands, non seulement n'y trouvaient rien de blâmable, mais imprimaient, le cœur léger : « Ces gens en murmurent, peu » nous importe ; qu'on les laisse murmurer, cela nous épargne » nos braves soldats. »

Ce fut, on peut le penser, une véritable désolation dans tous les villages; de généreux citoyens tentèrent de faire mettre fin à cette violation des lois les plus simples de l'humanité; leurs démarches n'eurent aucun succès; le général en chef ne voulut pas même les recevoir. A toutes les plaintes, la réponse était la même : elle paraissait stéréotypée : *C'est la guerre!*

Oui, c'est la guerre, mais une guerre de sauvages que la France, ni l'Alsace surtout, n'oublieront jamais.

IV

On a pu voir avec quelle habileté M. de Bismark avait ameuté l'opinion publique en Europe contre la France ; on reconnaîtra qu'il n'a pas déployé moins de talent pour exciter le peuple allemand et lui incruster la haine du nom français.

Au moment de la déclaration de guerre, il nous représentait comme des barbares, s'apprêtant à lâcher leur ménagerie d'Afrique sur la noble Allemagne.

A peine les hostilités commencées, il parlait des mauvais traitements exercés contre les blessés prussiens dans les ambulances françaises. Certains journaux allemands ne craignaient pas d'imprimer qu'on les brûlait encore vivants avec de l'huile bouillante ; ce serait à refuser d'y croire, si nous ne l'avions pas lu de nos propres yeux, et, du reste, il nous a été donné de connaître une dame de grande famille de Stuttgart, dévouée aux soins des malades et blessés, et qui, à son passage en Alsace, n'osait s'y arêter la nuit, de peur d'être exposée aux cruautés dont les feuilles de son pays s'étaient faites l'écho. On s'explique ainsi la répulsion du soldat allemand en entrant dans une ambulance française ; il se regardait d'avance comme empoisonné ou destiné à mourir de toute autre manière violente. D'après les rapports officiels publiés sur certaines ambulances en Alsace, il a plus tard reconnu lui-même le peu de fondement de ces accusations haineuses et pu apprécier la sollicitude dont il a été l'objet.

Les soldats français revenus d'Allemagne en ont-ils rapporté la même impression et ne sont ils pas, au contraire, fondés à accuser de dureté ceux qui parlent avec tant de complaisance de leurs principes religieux et de leur civilisation ?

Nous pourrions laisser le soin de la réponse aux nombreux et impartiaux *reporters* des nations neutres. Au retour de leurs visites aux prisonniers et blessés en Allemagne, ils ont fait justice de ces sentiments de parade en dépeignant la vérité dans toute sa nudité.

Nous citerons néanmoins quelques exemples qui suffiront à donner une idée du sort réservé à nos pauvres blessés.

En vertu de la convention de Genève, tout soldat blessé ne pouvait être gardé comme prisonnier s'il acceptait la condition de ne pas reprendre les armes pendant la durée de la guerre. (Article 5 des articles additionnels.) Malgré cet engagement formel, pas un n'a échappé à la captivité, en dehors de quelques malheureux trop gravement atteints pour être transportés sans certitude de mort. — On n'a même pas excepté les amputés.

Le publiciste allemand qui relate l'amputation pratiquée par lui à Wissembourg avec un couteau centenaire, ajoute qu'il lui avait été impossible d'apprécier le lendemain le résultat de son opération, le malade ayant été évacué déjà.

Ce malade sera-t-il allé loin ? Il est permis d'en douter.

Au surplus, il ne s'est pas trouvé le seul exposé à ce procédé inhumain, les instructions étaient précises à cet égard :

Tout blessé pouvant supporter le transport à la distance de dix pas sans en mourir, devait être déclaré — bon à évacuer.

Les médecins allemands eux-mêmes protestèrent énergiquement contre des ordres aussi sauvages : ils ne purent rien obtenir ; mais nous sommes heureux de leur rendre ce témoignage bien mérité, qu'ils adoucirent la rigueur de leur mandat dans la plus large mesure possible.

Les blessés une fois désignés pour être transportés en Allemagne, ordre était donné de les conduire ou amener, dès le matin, à la gare la plus proche. Là, ils étaient parqués dans un magasin ouvert à tous les vents et non chauffé, bien entendu, ils y restaient des heures entières, souvent la journée et même aussi la nuit, sans recevoir ni soins ni nourriture. Il n'était pas même permis aux personnes charitables de leur apporter le nécessaire, et combien d'entre elles ne se sont pas vues menacées, en forçant la consigne, de l'envoi immédiat dans une forteresse.

Il fallut encore l'intervention active et généreuse des médecins allemands pour faire cesser un état de choses que les nations les moins civilisées rougiraient de tolérer chez elles.

Mais combien de victimes n'a pas fait ce traitement sans nom et le transport à grandes distances, par un froid intense, dans des wagons sans fermeture, de ces malheureux qui auraient eu besoin de tant de soins encore, et que l'on était forcé de laisser partir trop légèrement couverts pour un voyage aussi pénible.

Nous en avons vu au retour simplement vêtus de la veste qu'ils portaient à Frœschwiller, et c'est en pareil costume qu'ils avaient passé l'hiver dans les forteresses du nord. On ne peut s'étonner que beaucoup n'aient pu résister aux rigueurs de la captivité et au traitement des plus sévères auquel ils étaient soumis.

Il est vrai que cette dureté envers les nôtres, les Prussiens ne l'épargnaient pas à leurs propres soldats. S'ils prenaient grand souci de leur fournir aux dépens des habitants un ordinaire de proportions inimaginables, pour les tenir en santé et aptes à supporter les fatigues de la campagne, ils montraient envers eux une brutalité incroyable quand ils les voyaient, par des motifs indépendants de leur volonté, impropres au service.

C'est ainsi que nous avons été, à diverses reprises, témoins de coups de plat de sabre, de coups de poing même, distribués à de pauvres soldats incapables de poursuivre leur route, soit pour cause de maladie, soit par suite de la congélation à un degré plus ou moins intense des membres inférieurs. Nous avions pour ces malheureux, nous, Français, une pitié que leurs propres officiers ou sous-officiers leur refusaient.

Que de malades du typhus ou de dyssenterie envoyés dans leurs familles comme incapables de servir de toute la campagne et qu'on ramenait plus tard en France à peine convalescents! Une bonne partie restait en chemin repris du mal qui les avait fait rejeter des rangs de l'armée active; beaucoup succombaient de cette rechute, mais qu'était cette perte auprès des quelques hommes en plus qu'on arrivait à mettre en ligne?

Choisissons encore entre mille un autre exemple de la haute moralité de nos vainqueurs.

Au début de la guerre, les officiers prussiens ne cessaient de protester de leurs sympathies envers la France.

Ce n'était pas le peuple français qu'ils venaient combattre, mais l'empereur Napoléon seul. Nous avons pu apprécier la sincérité de ces dires. Cette habile tactique était recommandée et pratiquée dans le but de provoquer, sinon le concours, au moins l'assentiment tacite de la partie de la population hostile au régime impérial.

Tous les soldats de certains régiments étaient même pourvus d'une parodie imprimée, aussi grotesque qu'obscène, du *Pater noster* et de l'*Ave maria*. Vadé n'eut pas renié cette œuvre. S'ils n'osèrent s'en dessaisir, ils nous permirent au moins d'en prendre copie. Nous ne la reproduirons pas ici, nous ne sommes pas assez Allemand pour livrer à la publicité de pareilles ordures, qui ne s'attaquaient pas seulement à l'empereur, mais à une femme, mais à un enfant; nous nous contentons de les mentionner ici pour donner une juste idée des sentiments de piété qui animent cette nation toute en Dieu !

V

Le siége de Strasbourg se poursuivait, le bombardement de même, et cette malheureuse et héroïque cité, qu'on avait laissée dès le début abandonnée à elle-même, sans défense, sans troupes, sans artillerie, tenait toujours, en dépit des ravages que les projectiles incendiaires lancés avec une rage croissante faisaient dans les familles, dans les fortunes.

Le 27 septembre au soir, les habitants virent avec stupeur le drapeau blanc flotter sur la flèche de la cathédrale ; la ville à bout de ressources, à bout de forces, mais non de courage, se rendait à l'ennemi. Avides de connaître l'étendue du désastre, les populations environnantes se ruèrent en foule le lendemain sur Strasbourg, le cœur brisé sous une double étreinte. A l'amertume du sentiment patriotique se joignait une bien légitime et bien cruelle appréhension.

Combien en manquerait-il à l'appel de ces courageux enfants que le conseil d'enquête vient de traiter si durement et si injustement ?

Il en manquait en effet, et les pertes subies par la mobile sont là pour servir de réponse à un jugement aussi immérité que sévère.

Sont-ils donc d'une race sans énergie, sans courage ceux-là dont les jeunes frères, devançant la levée de leur classe, se rendaient en juillet encore à Strasbourg pour se faire inscrire, et renvoyés, comme ne pouvant être utilisés encore, par l'Intendant en chef, qui leur passait généreusement une indemnité de retour dans leurs foyers, s'échappaient plus tard en bravant les menaces du vainqueur et les peines les plus sévères, pour aller former à Lyon la légion des volontaires alsaciens ?

Pouvait-on d'ailleurs demander à ce jeune corps de mobiles, mal armé et ayant eu à peine le temps d'apprendre à connaître ses chefs, autant de solidité que l'armée régulière, au dire des hommes les plus compétents, en acquiert à peine en trois ans.

Après avoir eu à subir, comme tous, les conséquences de l'incurie impériale, la garde mobile ne saurait être, pas plus que la patriotique garde nationale de Strasbourg, la victime d'une instruction mal dirigée ou d'un parti pris que des rancunes politiques n'expliquent que trop, mais ne peuvent absoudre.

Si le conseil d'enquête a pu laisser surprendre ainsi sa religion, qu'au moins l'Alsace rende un éclatant hommage à ceux qui, pendant deux mois et malgré des privations et des dangers inconnus pour eux jusque-là, ont fermement soutenu l'honneur de la France, et qu'elle joigne sa voix reconnaissante envers ses enfants à la justification si simple et si tranchante que vient de publier le brave général Uhrich.

VI

L'aspect de la vaillante cité était saisissant. Des quartiers entiers n'offraient plus qu'un monceau de ruines et malgré cela on n'entendait qu'une plainte : Pourquoi n'avoir pas tenu encore ?

La rage se lisait sur tous les visages ; bourgeois et soldats étaient atterrés d'un aussi cruel dénouement, auquel ils s'étaient refusés à croire, attendant toujours un secours qui ne pouvait arriver.

La foule était menaçante pour l'ennemi, aussi prit-il de suite les mesures les plus énergiques contre la possibilité de démonstrations hostiles. La ville ne fût plus qu'une immense caserne et aux souffrances qu'elle avait eues à endurer vinrent se joindre celles de la prise de possession par un vainqueur arrogant et peu disposé à la clémence. La population eut la sagesse de rendre les mesures de sanglante répression inutiles, elle se contenta de mettre « l'Allemand » en quarantaine; il y est encore aujourd'hui malgré ses tentatives de rapprochement.

La chute de Strasbourg consommée, l'Alsace se trouva en

partie délivrée de l'isolement absolu où on l'avait maintenue depuis l'invasion. On put au moins suivre de loin les événements.

La capitulation de Sedan, les événements qui en furent la conséquence à Paris, furent connus dans tous leurs détails ; et toutes les opinions applaudirent à la chute d'un gouvernement qui nous avait perdus comme à plaisir.

Bientôt Metz se rendit.

Bazaine, dans lequel on voyait le sauveur du pays, livrait son armée à la Prusse.

Il ne nous appartient pas de prononcer, alors que le procès s'instruit, un jugement sur ce fait sans précédent d'une armée de près de 200,000 hommes se rendant sans combat, mais on peut dire que si les débats l'absolvent du chef de trahison, le maréchal qui avait sous ses ordres une force aussi imposante et composée des meilleurs éléments, ne se relèvera jamais aux yeux de son pays de l'incapacité complète dont il a fait preuve dans cette malheureuse campagne.

Les péripéties du grand drame qui se jouait loin de nous maintenant, autour de Paris, sur la Loire, dans le Nord, entretenaient chez tous une curiosité fiévreuse : les moindres détails étaient recueillis avec soin, et les plus minces succès enregistrés avec enthousiasme.

Bitsche tenait toujours, également Belfort : aussi de quelle immense joie ne fûmes-nous pas saisis à la nouvelle de l'approche de Bourbaki vers cette dernière ville !

En voyant le mouvement de concentration des troupes dirigées en toute hâte d'Allemagne sur ce point, en voyant surtout l'irascibilité de nos vainqueurs, nous sentions qu'il allait s'y passer quelque événement grave, qui sait, peut-être décisif et favorable pour nous.

L'espérance brillait d'un nouvel éclat à nos yeux, et, cette fois, ce n'était pas sans raison ; car plus tard il nous a été affirmé de sources certaines (prussiennes), que l'ennemi, après Villersexel, s'apprêtait à lever le siége de Belfort ; ordre était donné déjà d'enclouer les canons qui manquaient de munitions. Mais il était dit que la fatalité nous poursuivrait jusqu'à la fin. Bourbaki, vaincu par les éléments, mal secondé par une intendance imprévoyante, Bourbaki avait produit son dernier effort; il ne pouvait plus avancer.

Ce répit permit aux renforts d'arriver aux Allemands, qui reprirent bientôt l'offensive, et, aidés par un terrible malentendu au sujet de l'armistice, eurent beau jeu pour amener cette armée française à chercher un refuge en Suisse, si elle ne voulait être faite prisonnière.

VI.

Les préliminaires de paix nous arrachaient à la mère-patrie. — La France, que nous aimions de toutes les forces de notre âme, la France, meurtrie, épuisée à la suite d'une lutte qu'on aurait crue impossible après la disparition complète de ses armées régulières, et à laquelle notre ennemi lui-même ne croyait pas, puisque, dès le 20 septembre, il annonçait déjà son entrée prochaine à Paris et à Lyon, c'est-à-dire la fin de la guerre, la France était contrainte à abandonner deux de ses plus belles provinces. L'Alsace et la Lorraine passaient à l'Allemagne par droit de conquête.

A cette nouvelle, prévue, et non moins terrible cependant, les cœurs des sacrifiés se brisent de douleur; ils savent, en effet, ce qu'ils perdent : une mère bien-aimée; ils savent aussi ce qui les attend avec la marâtre farouche et cupide que le destin leur impose. Les provinces sont en deuil; pas un œil ne reste sec à l'annonce de cet immense malheur; c'est que, il faut le dire, pas un habitant des pays annexés n'a jamais pu se familiariser avec cette idée de séparation; pas un ne l'a jamais regardée comme possible.

Nous allons peut-être un peu loin en généralisant d'une façon aussi absolue, car il s'est rencontré en Alsace, comme dans le bon grain l'ivraie, quelques tristes exceptions: ambitieux habitués à saluer tout soleil levant, qui n'ont pas attendu que celui du roi de Prusse fût à son zénith pour fléchir le genou de devant lui. — Objet du mépris général, ces renégats sont marqués du sceau de la réprobation; chacun les connaît, et quand ils passent, ils peuvent entendre siffler à leurs oreilles ces mots, qui les soufflètent en passant : «Traître!... Lâche!...»

Il en est un qui s'est particulièrement distingué dans cette forfaiture à l'honneur de l'Alsace. Son nom, nous le tairons par respect pour la mémoire de son fils, brave officier, mort pour son pays « la France »; mais il est connu de tous.

Préfet impérial devenu par son incapacité notoire impropre à occuper ces fonctions; il dut à la flexibilité de son échine une sinécure qui lui rapporta 25,000 francs par an. L'empire étant tombé, la sinécure avec lui, il fallut bien trouver autre chose. Mais il connaît son Béranger : Il « saute pour tout le monde, » et aujourd'hui, c'est pour le roi de Prusse. Est-ce à dire qu'il sautera pour rien? Nous voudrions l'espérer, dans l'intérêt de la morale publique, mais les conquérants n'y regardent pas de si près, ils l'ont prouvé en acceptant dans leur administration tous les employés rejetés comme impurs de la nôtre, la germanisation est un feu qui purifie tout à leurs yeux. Il n'est donc pas impossible que le traître soit prochainement appelé à porter la *croix du Mérite* à côté de celle de la Légion d'honneur. Les deux auront été aussi dignement gagnées.

Il faut bien reconnaître, au surplus, que messieurs les Prussiens n'ont rien négligé pour se faire des partisans.

Ignorant à leur entrée en Alsace, quoiqu'ils fussent en général parfaitement renseignés sur tout, l'union qui y règne entre les différents cultes, ils cherchèrent tout d'abord à s'appuyer sur la partie protestante de la population et accusèrent les ministres du culte catholique d'avoir fanatisé les paysans et de les avoir excités à commettre des cruautés inouïes sur les blessés allemands tombés à Frœschwiller.

Un M. de Gregori, commandeur de l'ordre de Saint-Jean, nomma même les deux prêtres coupables de pareilles atrocités. — Grande et légitime indignation dans toutes les classes de la population et parmi tous les cultes. Quelques esprits peu éclairés voyaient déjà dans ce fait le commencement d'une guerre de religion, car on menaçait de représailles sanglantes; heureusement il n'y avait rien de vrai dans cette affirmation si formelle, rien, si ce n'est qu'une vingtaine de paysans avaient été arrêtés sans motif sérieux, malmenés, traînés enchaînés d'un village à l'autre, et, après mille tortures morales et physiques, rendus à la liberté faute de charges contre eux. On n'avait voulu qu'inspirer la terreur à la contrée.

A des piéges aussi grossiers, on ne pouvait longtemps se laisser prendre. MM. les Prussiens ne tardèrent pas à s'apercevoir que la loyauté alsacienne en avait fait prompte justice. Aussi l'accueil resta-t-il glacial, et la répulsion et la haine ne firent-elles que croître.

C'est ce que constatait, du reste, dans son journal de campagne, publié dans une feuille étrangère alors dévouée à la Prusse, un officier allemand :

« Pour être fidèle à la vérité, disait-il, je dois avouer que
» que nous avons été loin d'être reçus en Alsace comme nous
» l'espérions, mais nous allons maintenant entrer dans la Lor-
» raine, et là, nous serons accueillis comme des libérateurs,
» apportant avec eux la **LIBERTÉ DE CONSCIENCE.** »

La Prusse apportant des libertés et surtout la liberté de conscience en France, voilà certes ce à quoi nous ne nous serions pas attendus.

A cette heure encore, ses journaux n'ont pas assez de sarcasmes pour les superstitions répandues dans les campagnes. Les prêtres, suivant eux, ont donné créance à ces apparitions sur les vitres, à ces visions de croix, d'os, de cadavres, etc., etc., dans lesquelles les populations croient voir le signe d'une prochaine délivrance.

Oui, nous l'accordons, il existe en Alsace une superstition bien réelle, indéniable, mais elle se retrouve chez tous, sans distinction de religion, et elle n'a besoin d'être provoquée ni entretenue par personne. Son pivot, c'est le sentiment de profond regret de la patrie perdue qui domine tous les cœurs et travaille toutes les imaginations.

Comme parfois la pensée rêveuse prête à de sombres nuages éclairés par la lune des formes en parfaite harmonie avec le sujet qui l'occcupe, de même, dans notre malheureuse contrée où tout se concentre sur la France, les vitres dans leurs capricieux reflets semblent en reproduire l'image pour adoucir l'amertume de la séparation et justifier les espérances que nous laisse entrevoir l'avenir.

Mais vous ne les avez pas relevés tous, ces faits de superstition qui vous gênent tant, messieurs les Prussiens. Permettez-moi de vous en citer un, il manque à votre collection.

Dernièrement un paysan récolte sur le champ de bataille de Frœschwiller des haricots portant sur la partie intérieure une tache brune sur les uns, plus foncée sur les autres.

Ces taches, avec quelque bonne volonté, il faut l'avouer, représentaient, la première une figure de zouave, la seconde celle d'un turco. Paysans et ouvriers s'arrachèrent ce panier de haricots apporté sur le marché. Ils les payèrent jusqu'à dix centimes pièce, les derniers cinquante centimes même, non pas à titre de phénomène de la nature, mais comme un précieux indice du retour certain de ces braves soldats, dont ils avaient admiré la valeur.

Riez, si vous le voulez, avec le tact qui vous distingue, messieurs les patriotes allemands, de cette naïveté qui, pour nous, a quelque chose de touchant, vous aurez beau faire, votre rire forcé n'arrivera pas à cacher votre dépit; il vous faut bien reconnaître que vous n'êtes pas ici sur votre terrain et que des générations s'épuiseront avant que vous ne soyez parvenus ni à faire disparaître, ni seulement à amoindrir cette antipathie de race.

VII

L'Alsace pourra-t-elle être germanisée ? Voilà la question à laquelle le vainqueur répond avec l'assurance que donne le succès — oui. — La victime avec autant de conviction que de fermeté — non !

Il suffit, à notre avis, d'étudier la profonde différence de mœurs, d'idées, de caractères et de se rendre compte de la ténacité de nos populations, qualité qui est le propre de leur nature un peu rude, mais essentiellement honnête, pour être intimemeut persuadé de l'impossibilité d'une assimilation avec la race germanique.

L'Alsace, depuis le traité définitif de paix, appartient de fait à l'Allemagne; au 1er octobre prochain, tous ceux qui n'auront pas opté pour la France et *quitté le pays* seront considérés comme Allemands. — C'est la lettre des dernières instructions de Berlin : quant à l'esprit qui doit présider à leur interprétation, il découle des explications données officieusement par les employés chargés du service des options. — Il est avec le ciel des accommodements. — Les pauvres ayant opté seront impitoyablement renvoyés en France, puisqu'il n'y a rien à tirer d'eux. Ceux qui jouissent d'une certaine position seront, par contre — tolérés — leur industrie, leur travail, leurs dépenses étant nécessaires à l'éclat et à l'enrichissement de la Prusse.

Quoi qu'il en soit de ces mesures léonines, de l'intimidation employée à l'égard des classes peu fortunées, et des difficultés sans nombre dont on entoure l'option, elle s'exerce sur une large échelle ; beaucoup quittent le pays ; les uns, pour ne pas contraindre leurs fils à porter le casque à pointe, les autres, pour échapper à ce contact journalier d'un arrogant vainqueur; mais, malgré ce dépeuplement partiel, il restera encore assez d'Alsaciens pour entretenir l'esprit français. Tout en figurant sur les listes de recensement comme sujets allemands, ils n'en resteront pas moins Français de cœur jusqu'au jour où ils le redeviendront en réalité.

La présentation au Reichstag du projet de loi pour la prolongation du régime dictatorial en Alsace-Lorraine a fait voir combien sont nuls les résultats obtenus par le nouvel empire depuis la conquête. La sympathie de ces deux provinces lui fait complètement défaut et leurs populations si heureuses, assurait-on naguère, de reprendre leur place dans la grande famille, restent insensibles aux attraits d'une incorporation dont elles se refusent à apprécier la valeur ; force est bien de l'avouer aujourd'hui.

Cette loi les laissera parfaitement indifférentes, comme tout ce qui vient de l'ennemi, on le sait à Berlin, et c'est là probablement ce qui l'a motivée.

Il ne suffit pas, en effet, de reconnaître aux annexés le droit d'envoyer des députés au Reichstag, il faudrait encore qu'ils consentissent à l'exercer.

Or, si parmi les quelques ambitieux dont nous avons parlé, il en est qui soient tout disposés à se sacrifier pour le bien de *leurs chères provinces,* il n'est pas certain qu'on en trouve autant pour voter en leur faveur,

Cette attitude passive s'explique d'elle-même.

L'Allemagne nous a vanté sa civilisation: nous avons pu la juger; — les bienfaits de ses libertés : — ils nous poussent jusqu'à regretter celles des dernières années du règne de Napoléon; — la perfection sans égale de ses administrations: — nous voyons bien un personnel double, largement rétribué, à nos dépens bien entendu; mais de ce côté, également, la comparaison est loin d'être à l'avantage du nouveau régime. Tous les services ont encore à faire leurs preuves de régularité, de célérité, et nous pouvons ajouter, en partie, de probité.

Et quant aux impôts, nous en payons autant et même plus qu'autrefois ; il est vrai que nous sommes censés jouir des lois françaises, seulement, lorsque la loi prussienne rapporte davantage, c'est elle alors qui est appliquée.

La Prusse agit du reste comme si elle était certaine de ne pouvoir garder sa proie. Elle traite l'Alsace en véritable pays conquis, elle la nourrit de promesses creuses et en tire tout ce qu'il lui est possible d'en arracher, de façon à n'avoir fait en aucun cas une mauvaise affaire. C'est ce qui explique pourquoi l'opposition va chaque jour grandissant.

Il faut ajouter aussi que la religion n'est pas un des moindres motifs de cette répulsion que le vaincu ressent à l'égard du vainqueur.

Et qu'on ne suppose pas, comme les journaux officieux prussiens voudraient le faire croire, que c'est là une des conséquences de la lutte du catholicisme contre le protestantisme. On peut voir que les foyers de l'opposition la plus vivace se trouvent précisément dans les milieux presque exclusivement protestants, Mulhouse en tête. A cela, il y a une raison toute naturelle : l'Alsacien, dans ses croyances diverses, est animé d'une foi profonde et sincère. Depuis deux ans, il se joue devant ses yeux une comédie qui froisse ses sentiments de droiture, et quand il compare sa religion honnête et vraie à cette religion de mensonges qui sert de manteau à toutes les bassesses et ne reconnait qu'un Dieu, sous les deux espèces du sabre et de l'argent, il ne peut que se tenir en garde contre des avances qui ne sont pour lui que des présents de Grecs.

Les paroles sont de miel, mais les lèvres qui les prononcent livrent, malgré elles, passage au fiel dont le cœur du maître est pétri ; comment un rapprochement serait-il possible entre ce qu'il y a d'essentiellement loyal et juste et ce qui est notoirement faux et injuste? — Dans sa position actuelle, l'Alsace est comparée à la Vénétie. — Ce n'est vrai qu'à moitié.

Si ses habitants conservent également avec une foi robuste dans l'avenir le pieux souvenir de la Patrie perdue, jamais elle ne descendra jusqu'à la conspiration pour punir l'ennemi de l'attentat commis contre elle au mépris du droit des peuples et de l'humanité; de pareils moyens, quelque légitimes qu'ils paraissent à certains patriotes, répugnent à son tempérament, elle saura souffrir et attendre patiemment. Comme la Vénétie, néanmoins, elle verra son heure arriver, et alors, oubliant les années de douleur et de silence, elle se relèvera heureuse et fière de revoir et d'acclamer le drapeau de la seule patrie qu'elle reconnaisse, en dépit de l'annexion, le drapeau de la France.

Quand ce jour luira-t-il pour elle? Dieu seul le sait!

Mais quelle que soit la durée de l'épreuve, les cœurs alsaciens resteront fermes et inébranlables. Le vainqueur le sent bien : c'est le commencement de son châtiment.

ESPÉRONS ET ATTENDONS.

Paris. — Imprimerie Balitout, Questroy et Ce, rue Baillif, 7.

www.ingramcontent.com/pod-product-compliance
Lightning Source LLC
Chambersburg PA
CBHW060530050426
42451CB00011B/1728